© Landschwärmer Verlag
Berghausen 7
17291 Oberuckersee
Tel.: 03 98 63 - 78 97 77
www.uckercards.de

1. Auflage März 2013
ISBN 978-3-9814905-1-0

Wortbilder

Landschaft & Lyrik in der Uckermark

Gemeinsam ist ihnen die Liebe zu ihrer Wahlheimat, der Uckermark, und ihre Hinwendung zur dort so überreichen Natur. Beide schaffen aus ihren sinnlich erfahrenen Eindrücken bewegende Kompositionen: die Fotografin mit ihren aus sich selbst sprechenden Bildern, der Dichter mit seinen tiefgründigen, oft im Doppelsinn sich erschließenden Wortschöpfungen. Hinter ihrer Fotografie und seiner Dichtung steht im Kontext übereinstimmendes Empfinden, und so liegt nahe, dieses Portfolio zur Begleitung einer gemeinsamen Ausstellung in der Sankt-Maria-Magdalenen-Kirche in Templin herauszugeben, wo Ralf-Günther Schein seit 1992 als Gemeindepfarrer wirkt.

Für beide Autoren ist dies nicht ihr erstes Werk. Kirsten Bitterroff wurde als Fotografin 2012 durch den Bildband *Uckermärkische Stimmungen* bekannt, dem mehrere Ausstellungen folgten. „Ihre Fotografie geht fast in Malerei über, so tragend und intensiv ist deren Atmosphäre", so eine der Pressestimmen.
Der Theologe Ralf-Günther Schein schreibt seit frühester Jugend Lyrik und hat, „weil er darin Bilder zeichnet, die zeitlos sind und sich lang anhaltend ins Gedächtnis einprägen", für seine Gedichtsammlung *Jahresringe* im Jahre 2012 den Ehm-Welk-Literaturpreis bekommen.

Wintermorgen

Über Nacht
bekam der See
eine glasige Haut.

Schwäne
träumen darauf
zwischen erfrorenen Brosamen.

Kinder halten am Ufer
ein Scherbengericht
leicht - sinnig
wie das Eis
zerbricht das Wasser.

Abend

Blass
verschaukelt der Mond
seinen Glanz
an windigen Pfützen.
So verblühen im Geruch der Nacht
die Schatten.
Lautlos
werden die Fenster
und abgeblättert
schließen die Türen
den Tag
hinter sich zu.

März

Versumpft
unter der Schneeschmelze
trostlos grau
der aufgeweichte Acker.

Verfilzt
und gelb die Wiesen.
Zerbrochen im Erlenbruch
letztes Eis.

Aber die Kraniche
bringen schon den Süden mit
und schütteln ihre Erinnerungen
auf die Felder,
bis die Auferstehung keimt
in den verschlafenen Furchen
des Frostes.

Frühe Osterzeit

Einsilbig klingen noch
die aufgewachten Gärten.
Hohl die Farben,
ungefiedert die Bäume.

Nur im Vorübergehen
wärmt die Sonne,
bis der Hahn
den verscharrten Morgen
aus der gepflügten Erde kräht.

Dornen zerplatzen
am dritten Tag
lachend
beginnen verwundete Worte zu grünen,
Forsythien schäumen
an den Zäunen,
überfluten tot geglaubte Türen
und ein Engel drängt zum Aufbruch
an den Gräbern
von gestern.

Buschwindrosen

Auf den Hügeln im April
wuchern die kahlen Buchen
wie ein träumendes Gehege.

Weiß sprüht der Buschwind
seine Rosen
über die morschen
Erinnerungen von gestern.

Auf verwelkten Blättern
tanzt nun ein Teppich aus Licht,
bis die Schatten grün werden
unter dem Lied des Laubsängers
auf den Hügeln im April.

April
(mit Regenbogen)

Der Himmel
verplempert seine Wolken,
behaftet Blätterdach und Haus,
weint an meinem Fenster
und schwimmt im Rinnstein.

Doch siebenfach beugt er seine Farben
im Bogen der Sehnsucht.
Auf den Straßen
beginnt die Versteinerung zu fließen
und das Pflaster zerrinnt
in der Gosse.

Mai - Regen

Tief stapelt der Himmel
heute sein Grau.
Gelb hockt der Ginster
an den Bahndämmen.
Schwer duftet der Raps
an der Ungeduld der Straßen.

Am Horizont
schnappen Windräder
nach Luft
und zermahlen
den blühenden Regen.

Pfingsten

Das Dickicht der Angst zerreißt
im windigen Feuer des Geistes.
Geistreich bekennen feurige Zungen
die Neugeburt der Welt.

Geburtstag feiert das Lachen der Völker
über den Hochmut von Babel.
Wie im Taubenschlag
flattern Feuer und Flamme:
Pfingst - Rosen - Blätter
die nicht verwelken.

Verstockten Kirchen
verschlägt es den Atem
und im Durchzug
bekommen verschlossene Herzen
endlich Luft.

Morgenbad

Die Sonne
nimmt ein Morgenbad.
Der See
zersplittert
im Takt des Windes
und blendet sich ein
in den flimmernden Gesang
des Ufers.

Juni

Ausgiebig
blüht an den Wegen der Kerbel.
Wolfsmilch winkt dazwischen
und die Haut der Nesseln.

Rot
beklatscht der Mohn
die Vielfalt der Gräser
und über allem
verjubelt die Lerche
ihren Gesang.

23

Der Schmetterling

Als Blüte auf einer Blüte
atmet sich der Schmetterling
durch Wiesen und durch Gärten.
Und trägt in seinem Flügelschlag
den Duft seiner Gefährten,
der Blumen, in die er versank
und die für ihn ein Leben lang
das Brot sind
und der Hunger
und der Dank.

Verregneter Sommer

Das Wasser hat Wurzeln geschlagen
am Himmel,
rauscht über versteinerte Archen,
und durstige Wege von gestern übergeben sich.

Alles Lachen wird aus den Wimpern gekämmt,
und trunken irren die Augen
am Rinnsal des Horizontes.
Unruhig wie der Regen
ist der Flug der Taube,
doch ein Ölzweig
träumt im glanzlosen Gefieder.

Am Rand der Geduld
wird die Glut ein Zelt aufschlagen
und aus durchnässten Bäumen
werden am Abend
gastfreundliche Dächer.

Sonnenblumenfeld
(im August)

Auf den staubigen Stufen des Sommers
hockt der August.
Von den Grillen zerrieben
wird die Mittagshitze.
Abgedroschen
träumt das Getreide,
das nach Brot duften will.

Hinter dem Dorf aber
blüht die Sonne.
Hundertfach lodert sie
auf den Äckern,
in den aufgeweckten Augen
ihrer irdischen Geschwister.

Urlaub

Am See sitzen
und die Seele sonnen.

Den Wolken winken und
im Wind wohnen.

Im Gras träumen
und die Grillen rufen.

Ein Buch begreifen und
einen Baum berühren.

Die Uhren ertränken und

trunken vom Sommer
trage ich mich nach Hause.

Getreideernte

Über dem brothungrigen Duft des Sommers
verjagen Schwalben ihre Sehnsucht,
bis dröhnend
der wehende Horizont
geschluckt wird.

Im Magen des Windes
staubt noch letztes Kornblumenblau
und mit stoppliger Haut
sterben die Hügel.

Schattenlos
decken sie
unsere gähnenden Tische.

Wegwarte

Den Himmel
bewahrst du mir am Asphalt
mit deinen Farben.

Ein Gruß aus der Ewigkeit
zwischen dem Geröll meiner Schritte.

Doch kaum gepflückt
verschließt du das Rad deiner Augen
und die Geduld in deinem Blau
zerfällt.

So lass ich dich stehen
in deinem Blühen
für die Pilger nach mir,
auf der Suche
nach dem Himmel,
der überall
an den Wegen wartet.

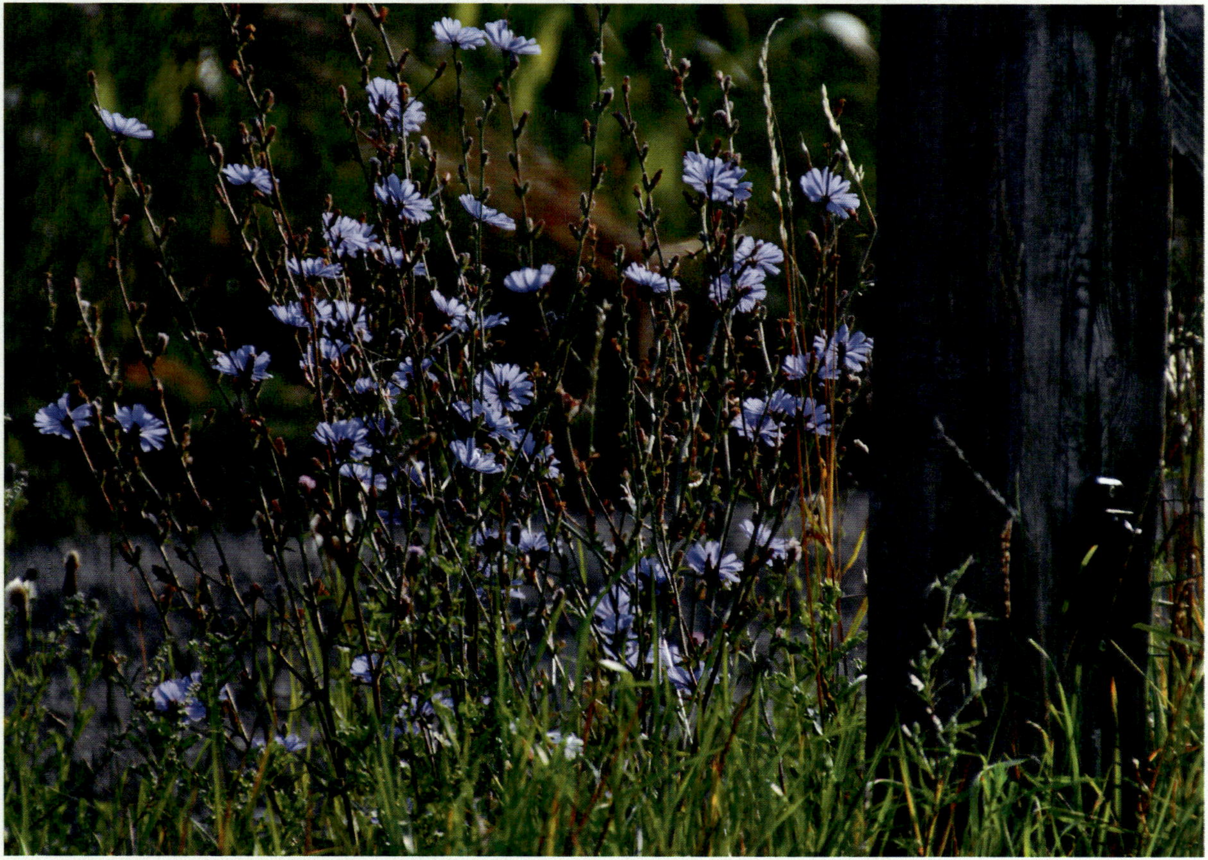

August

Die Birken trauern sich durstig
an den Hundstagen
und hart winkt das Laub im Wind.

Selbst die Schatten schwitzen
im müden Gewebe
einsilbig am Mittag.

Auf den abgeernteten Brotfeldern
tanzen dunkel die Krähen
im staubig gewordenen Sommer.

Am Abend dann zittern die Grillen
auf den verglimmten Gräsern
und unter der silbernen Hand
des Mondes.

Septembermorgen

Die Sonne wischt den Tau
von den Gräsern und die
Spuren der Schnecken kleben
langsam gelebt, fast gläsern
an Halmen und Blättern,
ganz ohne das Sorgen
um Stunde und Zeit
an so einem Morgen
aus September
und aus der Vergänglichkeit.

Spötter des Glaubens

Ihr sagt:
Eingebildet wohnt euer Himmel unter den Haaren
Für die Seele gibt es kein Zuhause
und stumm ist alles Ewige.

Wenn ihr Recht habt
ist der Geschmack der Liebe blutleer,
die Barmherzigkeit eine Lüge,
Bachs Fugen werden grundlos,
der Duft des Flieders eine Farce
und das Gold im Löwenzahn nur bitter.

Eure Logik ist mir nicht glaub-würdig.

So wärme ich mich
trotzig,
würdig und recht
am Brot des Lebens
und an den irdischen Behausungen des Himmels.

Klostermauern
(in Boitzenburg)

Berankt von der Geschichte
und verfugt vom Vergessen,
beschattet
von einem Blattwerk aus Schweigen,
so lehnt an den alten Mauern
ruinös
die Zeit.

Zerfallen scheinen die alten Gebete
und ohne Obdach
der Himmel.
Doch er wohnt noch auf den alten Bögen
und in den Wurzeln
nach dem Regen,
am Gestein, das immer noch glüht
und im Heimweh nach Gott,
dass mit der Sonne
sich an den zerschundenen Giebeln der Hoffnung
wärmt.

Michaelis

Nun ist er da, der Herbst
mit engen Tagen, kühlen Nächten,
mit weichen Farben in der Linken
und Sturmgetöse in der Rechten.

Einsam wird die Weite
auf den Äckern, Wäldern, den Alleen
und der Himmel ist voll Abschied,
wenn die Vögel grüßend südwärts ziehn.

Manchmal baut die Angst
hier und da und wieder sich ein Haus.
Vieles schmeckt im Ernten schon vergänglich,
an den Bäumen stirbt das Atmen aus.

Blatt um Blatt verfällt die Zeit
und an Dunkelheit gewinnt die Welt,
doch in allem drängt auch Hoffnung,
steht ein Engel, der am Leben hält:

In der Glut des Weines
und im Wind, der Wolken treibt und Licht,
in dem Wort, das wie die Liebe wärmt
und aus der die Sehnsucht Gottes spricht.

Jona

Manchmal bin ich wie Jona: Gerufen
und beauftragt Boote zu setzen
in den versalzenen Wassern der Gleichgültigkeit,
zwischen den Noten der Loblieder Kreuze zu malen,
dem Fort-Schritt ein Bein zu stellen,
aus Mördergruben Herzen zu machen.
Doch
wer bin ich schon?

Manchmal bin ich wie Jona
in meiner Flucht nach vorn
in Haus und Heim
Musik und Wein
Lärm und Lust.

Doch der Sturm bleibt nicht aus.
Ertrunken in meiner Flucht
gehe ich baden.
Ausgespuckt wie ein Schluck Wasser
steht mir alles bis zum Hals,
aber ich lebe!

Manchmal bin ich wie Jona,
enttäuscht und zermürbt,
müde und leer,
selbst Schatten verdorren und
irgendwie steckt der Wurm in meinem Leben.

Doch
Gott ruft mich trotzdem.
Manchmal bin ich wie Jona.

November

Die Schwermut des Himmels
spiegelt sich in meinen Augen.

Die Kahlheit des Herzens
rankt in den Bäumen.

Die abgestorbenen Wegränder
fallen mir ins Wort

und der Regen beweint
flüsternd das Sterben.

Doch lauter als die Umarmung der Nacht
ist das Singen der Knospen
in den ausgefegten Alleen
und hinter den geflickten
und verborgenen Ufern.

Ein Raureiftag

Der Frost
be-webt die Fenster
salzt die Wiesen
be-spannt den See.

Frostig
klammert sich der Tag an meine
Haut
kriecht der Wind
in meine Augen
schminkt die Kälte
meine Stirn
und atmet ihren Glanz
in das Geäst der Zeit.

Dezember

Jetzt hat die Nacht weite Gemächer
und alt geworden ist die Zeit.
Schnee bedeckt die müden Dächer
und Mondlicht bleicht die Dunkelheit.

Jetzt träumt der Hunger sich den Himmel
und Hoffnung bekommt ein Gesicht.
Das Warten zerpflückt das dunkle Getümmel
und Kind-lich wächst aus den Häusern Licht.

Weihnachtszeit

Mehr Sehnsucht als Schnee
liegt wieder auf den gerodeten Äckern.
In vergilbten Wiesen
schimmelt der ersehnte Frost.
Dornen fallen aus milchigem Himmel
in entsprungene Rosen.

In jedem Fenster
blühen gestirnte Erwartungen
und vor den Kirchen
drängelt sich die Stille Nacht.

Auf kalten Bänken
wärmt ein flüchtiges Wort das Herz.
Am Altar schläft ein Strohfeuer
in der Krippe.
Seine Asche glüht
in vernadelten Bäumen
ein paar Tage nur,
dann liegt es Wort -los
in der Gosse,
wo Gott eine Haut bekam
und eine Hütte hat,
dicht an meiner Tür.

Gebet zum Jahreswechsel

Kalt
und alt
ist die Zeit geworden.
Alle Gegenwart zerfällt im Gestern.

Heute schmeckt der Wein
wie die Angst.
Ein flüchtiger Mantel
aus Rausch und Ratlosigkeit
wärmt mich nicht in dieser Nacht.

Drum komm, Wort der Hoffnung!
Komm, wie ein Engel.
Nimm mich an deine Hand
und blühe
im Altgewordenen.
Komm und blühe,
bis ein Stück deines Himmels
in mir neu wird
und wächst
wie das Jahr, das kommt.

Gedichtverzeichnis